ANGEWANDTES
zen

Oakwood Publishing, ein Abteilung
Zaltho Foundation, Inc.
550 Mary Esther Cut Off NW, PMB 319
Fort Walton Beach, FL. 32548

Die Erlöse aus dem Verkauf dieses Buches werden an die Zaltho Foundation
und den Zaltho Sangha e.V. gespendet.

Umschlag- und Innengestaltung: Hilary Harkness

Bild auf Seite 32: Olympia Davies auf Unsplash

Library of Congress Control Number: 2024948829

ISBN Taschenbuch 978-1-7362934-7-8
ISBN E-Buch 978-1-7362934-8-5

ANGEWANDTES Zen

Ein kurzer Leitfaden für eine aktive Meditationspraxis

CLAUDE ANSHIN THOMAS

MARY ESTHER, FLORIDA

*„Auf dem großen Weg der Buddha-
Vorfahren gibt es immer eine unver-
gleichliche Praxis, fortwährend
und beständig. Sie bildet den
Kreis des Weges und wird niemals
unterbrochen.... Die Kraft dieser
kontinuierlichen Praxis bestätigt dich
ebenso wie andere. Sie bedeutet, dass
deine Praxis die ganze Erde und den
ganzen Himmel in den zehn Richtungen
berührt.... Durch deine kontinuierliche
Praxis wird die kontinuierliche Praxis
aller Buddhas verwirklicht, und der
große Weg aller Buddhas öffnet sich.“*

—Dogen, *Shobogenzo*

Inhalt

Einige Worte an
die Leser*innen

Ich habe dieses Buch für diejenigen geschrieben, die nach einfachen, konkreten spirituellen Werkzeugen suchen, die sie in ihrem täglichen Leben unterstützen können – für diejenigen, die sofort etwas tun wollen, um ihr Leben und damit auch die Welt, in der wir leben, zu verändern. Diese einfachen Übungen sind aus meinem Entschluss gewachsen, die verheerenden Folgen von Gewalt in meiner Kindheit und die Konsequenzen meines Einsatzes als Kriegssoldat in Vietnam zu heilen. Sie sind aus einem tiefen, brennenden Wunsch erwachsen, mein Leben anders zu führen. Dies sind die täglichen Praktiken, die mich getragen haben, während ich mich auf sehr praktische Weise in allen Lebensbereichen mit den Lehren des Buddha auseinandergesetzt habe – und mich von diesen dorthin führen ließ, wohin sie wollten.

Ich habe Applied Zen nicht geschrieben, um zu unterhalten oder intellektuelle Anregungen zu bieten. Ich habe dieses Buch geschrieben, um einige grundlegende Werkzeuge anzubieten, die uns darin unterstützen können, zu unserem erleuchteten Wesen zu erwachen und es zu verkörpern. Meditationspraxis ist nicht auf Genuss ausgerichtet. Gehe tiefer als deine Vorstellungen von Genuss. Bleibe dabei, bleibe im Prozess. Atme in deinen Bauch, atme aus. Mach weiter und gib nicht auf. Dann wirst du beginnen, den Nutzen zu erfahren. Meditation bringt dich unmittelbar in Kontakt mit deinem Widerstand. Das ist wichtig. Widerstand und Zweifel sind ein wesentlicher und wertvoller Teil des Prozesses. Wenn du diesen sogenannten Hindernissen begegnest, sitze einfach weiterhin und sieh, was sich entfaltet.

In der Zen-Praxis müssen wir eine unerschütterliche Verpflichtung zum Erwachen entwickeln und gleichzeitig alle Vorstellungen und Vorerwartungen darüber loslassen, wie dieses Erwachen aussehen oder wie es sich auf uns auswirken wird. Auf dem Übungsweg müssen wir zudem geduldig und sensibel mit uns selbst sein für die Handlungen, die wir in Vergessenheit tun; wir müssen sanft mit uns selbst umgehen, ohne dabei träge zu werden oder Ausreden zu machen.

Mein Entschluss ist es, im Dienst zu stehen. Also, möge ich dir durch diesen Text dienen.

ANGEWANDTES zen

xii Angewandtes Zen

Eine Einführung in die Praxis

Meditation hat nicht nur eine Form. Sie ist nicht nur etwas, das wir sitzend auf einem Kissen oder einem Stuhl tun – sie ist eine Lebensweise. Wir lernen und üben bestimmte Formen der Meditation, um zu erwachen und zu erkennen, dass spirituelle Praxis und tägliches Leben keine zwei getrennten Dinge sind.

Wenn wir ein Leben führen, das in Meditation verwurzelt ist, haben wir die Möglichkeit, unsere wiederkehrenden Leidensmuster zu erkennen und eine bewusstere Beziehung zu ihnen aufzubauen, sodass sie uns nicht länger kontrollieren. Durch diesen Prozess – durch ein Leben, das auf einer disziplinierten und engagierten Meditationspraxis gründet – haben wir die Möglichkeit, das Wunder des Lebendigseins in seiner Ganzheit zu erfahren.

Meditation ist kein Medikament. Sie wird uns nicht vor unserem Schmerz oder unseren Stimmungen retten. Sie ist nicht dazu da, unserem Unbehagen zu entkommen oder uns „reparieren" zu wollen. Meditation bedeutet, uns selbst zu begegnen – den Mut und die Entschlossenheit zu entwickeln, dauerhaft mit unseren Gedanken, Gefühlen und Wahrnehmungen präsent zu sein, egal, was wir gerade tun.

2 Angewandtes Zen

Wenn wir so leben, wenn wir die Meditationspraxis in alle Aspekte unseres Lebens bringen, beginnen wir nach und nach, unsere innewohnende Weisheit und unsere wesentliche Unversehrtheit zu entdecken.

Warum Meditation üben?

Weil der Weg zur Befreiung in der Disziplin liegt. Disziplin ist keine starre Lebensweise. (Starre ist eine Form des Leidens.) Disziplin ist die Verpflichtung, sich täglich mit bestimmten Praxisformen auseinanderzusetzen – Praktiken, die uns dabei unterstützen, den Geist zu schulen und unser Leben mit mehr Bewusstheit zu führen. Wenn ich davon spreche, den Geist zu schulen, meine ich nicht den Intellekt. Das ist nur ein Aspekt des Geistes. Geist im spirituellen Sinn ist die Gesamtheit dessen, was wir Erfahrung nennen. Er ist alles und überall.

Nur für einen Moment: Lass deine gewohnte Denkweise los und probiere eine neue Art aus, die Welt wahrzunehmen. Betrachte nur für diesen Moment, dass hier, in diesem präzisen Augenblick und an genau diesem Ort, das gesamte Universum existiert. Es gibt nichts anderes und keinen anderen Ort.

Die verschiedenen Formen der Meditationspraxis, zusammen mit Ritualen und Lehren, unterstützen uns dabei, eine Disziplin zu entwickeln, die uns hilft, die Realitäten unseres Lebens zu erkennen: die Natur des Leidens, wie wir dieses Leiden immer wieder aufrechterhalten – und wie wir diesem Leiden ein Ende bereiten können.

In der Zen-Tradition, in der ich praktiziere und lehre, umfassen die verschiedenen Formen der Meditation: Sitzmeditation, Gehmeditation, Arbeitsmeditation, Essmeditation, Sprech- und

Zuhörmeditation, Verneigend und Stille. Wir üben diese Formen, um uns der grundlegenden Tatsache bewusst zu werden, dass die Art und Weise, wie wir für alles in unserer Welt sorgen – das Spülbecken, unsere Schuhe, unsere Zahnbürste – von entscheidender Bedeutung ist. Wir üben, um uns bewusst zu werden, dass dies nicht mehr und nicht weniger wichtig ist als alles andere, was wir tun. Wir üben, um zu lernen, wie wir auf das kleinste Detail oder Teilchen und auf den größten Raum achten – denn im kleinsten Teilchen existiert der größte Raum, und im größten Raum existiert das kleinste Teilchen.

Mich interessiert nicht, wie tief du dich verneigst, wie fließend du die Sprache des Dharma sprichst oder wie viel buddhistischen Schmuck du trägst. All das spielt keine Rolle, wenn du nicht jeden Morgen dein Bett machst. Es spielt keine Rolle, wenn du deine Kleidung nicht mit Sorgfalt und Aufmerksamkeit wäschst. Es spielt keine Rolle, wenn du ständig wütend bist. Es spielt keine Rolle, wenn du dir selbst und anderen täglich schadest, indem du Zigaretten rauchst oder dich aus Angst in dir selbst vergräbst.

Worauf es ankommt, ist zu lernen, die Sitzmeditation so zu praktizieren, dass sie uns darin unterstützt, anders zu leben. Wenn du erwachen willst, wenn du die Werkzeuge der Meditation erlernen willst, freue ich mich sehr, dass du diesen Text liest.

Sei dir bewusst

Ich kann dir Meditation nicht wirklich beibringen. Meditation kann nur durch die eigene Erfahrung in einer kontinuierlichen, engagierten Weise gelernt werden. Ich kann dir Anleitungen zu den Formen geben, so wie sie mir von meinen Lehrern übermittelt wurden, und sowie aus meinen eigenen Erfahrungen damit. Meditation ist jedoch das, was geschieht, wenn du dich ehrlich und tief auf die Formen einlässt. Sie geschieht in dir und ist deine ganz persönliche Erfahrung.

Ich hatte die Gelegenheit, Meditationsanleitungen in den unterschiedlichsten Kontexten zu geben – an Menschen mit sehr verschiedenen Hintergründen. Wo auch immer ich hingehe, lehre ich die Zen-buddhistischen Praktiken, die mir geholfen haben, mein Leben zu verwandeln – dieselben wesentlichen Praktiken, die in diesem Buch beschrieben werden. Ich ermutige dich, dich mit ganzem Herzen auf alle diese Praxisformen einzulassen, damit wir alle selbst die Heilung und den Frieden werden können, die wir in der Welt sehen möchten.

6 Angewandtes Zen

Sitzmeditation

Übe jeden Morgen und jeden Abend mindestens fünf Minuten Sitzmeditation. Finde einen bequemen, ruhigen Ort und richte dir, wenn du möchtest, einen kleinen Altar mit einer Kerze, Räucherstäbchen und einigen Blumen ein. (Weitere Anleitungen zum Erstellen und Pflegen eines Altars findest du auf Seite 13.) Du kannst auf einem Stuhl, der Bettkante oder am Boden auf einem Kissen oder Meditationsbänkchen sitzen.

Wenn du auf einem Stuhl oder etwas Erhöhtem sitzt, stelle deine Füße flach auf den Boden vor dir, mit den Knien etwa hüftbreit auseinander (deine Knie sollten weder fest zusammengedrückt noch locker auseinanderfallend sein). Lehne dich nicht an die Rückenlehne. Sitze stattdessen auf der vorderen Hälfte der Sitzfläche, sodass dein Rücken aufrecht ist.

Wenn du auf dem Boden sitzt, kannst du im vollen Lotussitz, im halben Lotussitz oder im burmesischen Lotussitz sitzen. Benutze ein Kissen, um dein Gesäß anzuheben, sodass deine Knie leichter den Boden oder die Matte berühren können. Oder du kannst in Seiza sitzen (die Position, die häufig von Mönchen und Laienpraktizierenden in Japan genutzt wird), das bedeutet knien und auf den Fersen sitzen. Diese Haltung kann für Anfänger schwierig sein, daher ist es hilfreich, ein Kissen oder ein Meditationsbänkchen unter dein Gesäß zu legen.

Ob auf einem Kissen oder einem Stuhl: Sitze mit aufrechtem Rücken und leicht zurückgenommenen Schultern (aber nicht steif). Beachte die natürliche Krümmung deiner Wirbelsäule. Senke dein Kinn leicht und verlängere den Nacken. Stelle dir vor, dass deine Ohren mit deinen Schultern und deine Nase mit deinem Nabel in einer Linie sind. In der Sitzmeditation ist die richtige Haltung aus vielen Gründen wichtig, unter anderem, weil sie den natürlichen Atemfluss erleichtert.

Finde eine bequeme Position für deine Hände, zum Beispiel sie im Schoß ruhen zu lassen. Oder du kannst die traditionellere Haltung wählen, bei der der Handrücken der linken Hand in der Handfläche rechten Hand liegt, die Daumen fast einander berührend. In dieser Position lass deine Hände sanft auf den Oberschenkeln ruhen.

Du kannst mit offenen oder geschlossenen Augen sitzen. Wenn du sie geöffnet lässt, wähle einen Punkt auf dem Boden vor dir, senke den Blick und lasse deine Augen dort ruhen. Von dieser Haltung aus richte deine Aufmerksamkeit auf den Atem – auf jedes Einatmen und jedes Ausatmen. Während du atmest, spüre genau die Stelle, wo der Atem in den Körper eintritt, und die Stelle, wo er ihn wieder verlässt. Achte darauf, in den Bauch zu atmen, und bemerke, wie er sich beim Einatmen ausdehnt und beim Ausatmen zusammenzieht.

In der Sitzmeditation gibt es nichts zu erreichen, nichts zu gewinnen. Wenn Gedanken und Gefühle auftauchen und

Wahrnehmungen entstehen, bemerke sie einfach. Hänge dich nicht an sie und lehne sie nicht ab. Wenn deine Aufmerksamkeit abschweift, bringe den Fokus einfach zurück zu deinem Atem. Das Ziel ist nicht, unser Denken zu stoppen, sondern zu erkennen, wann wir uns in Gedanken verloren haben, und eine bewusste Verbindung zum Atem wiederherzustellen.

Wenn du bemerkst, dass es dir schwerfällt, bei deinem Atem zu bleiben, nutze die Technik des Zählens als Unterstützung. Atme ein und aus und zähle leise „eins"; ein, aus, „zwei" und so weiter, bis du bei zehn angekommen bist. Dann zähle wieder rückwärts bis eins. Denke daran, dass es nicht darum geht, die Zehn zu erreichen, sondern mit deinem Atem in Verbindung zu bleiben.

Wenn du körperliches Unbehagen verspürst, bleibe einen Moment dabei. Gib nicht sofort dem Drang nach, dich entsprechend einer ruhelosen Energie zu bewegen. Wenn das Unbehagen anhält, verändere deine Sitzhaltung leicht, bis es nachlässt. Deine „Sitzmuskeln" (geistige, spirituelle und körperliche) werden mit der Übung stärker.

Übe jeden Tag, egal was ist

Sitze jeden Morgen und jeden Abend ohne Ausnahme mindestens fünf Minuten. Es muss nicht perfekt sein, aber es ist wichtig, dass du es tust. Wenn du diese Praxis diszipliniert und konsequent beibehältst, garantiere ich dir, dass sich dein Leben zu verändern beginnt.

Jede Meditationssitzung ist für mich anders. Was bleibt, ist die Konzentration auf meinen Atem. Manchmal frage ich mich immer noch danach. Ich denke: „Welchen Wert hat es, meine Aufmerksamkeit einfach nur auf den Atem zu richten?“ Gedanken wie diese kommen und gehen.

Es gibt keine richtige oder ideale Erfahrung, wenn wir Meditation praktizieren. Es gibt nur das Gegenwärtigsein, das in einer aktiven Meditationspraxis existieren kann. Wenn wir einer bestimmten Vorstellung von Meditation nachjagen, können wir nicht gegenwärtig sein. In der Sitzmeditation gibt es nur das Bemerken, ohne abzulehnen und ohne anzuhaften. Es gibt nur das Wissen, dass nichts zu erreichen, nichts zu gewinnen gibt. Bleibe einfach mit dem Atem in Kontakt und sei aufmerksam.

Ich übe Sitzmeditation in der einen oder anderen Formen seit mehr als vier Jahrzehnten, und erst vor etwa zehn Jahren war ich in der Lage, ohne körperliche Beschwerden zu sitzen. Doch während der ersten Jahrzehnte habe ich einfach weiter gesessen und mit meinem Körper gearbeitet, ihm erlaubt, mich zu informieren. Ich habe mit verschiedenen Sitzhaltungen experimentiert: Seiza (nach vorn gerichtete Knie), Bänkchen, Halblotus. Ich habe im Laufe der Jahre alles Mögliche ausprobiert, und plötzlich funktionierte es einfach. Ich habe keine Ahnung, was passiert war. Etwas hat sich verändert, und ich konnte plötzlich stundenlang ohne größere Schwierigkeiten sitzen. Aber dann mussten vor einigen Jahren meine Knie operiert werden. Direkt nach der Operation konnte ich weder Niederwerfungen machen noch auf einem Kissen sitzen. Ich habe bis heute nicht die Flexibilität wie vor der Operation, aber inzwischen kann ich wieder Niederwerfungen machen und mit zusätzlicher Unterstützung für die Knie auf einem Kissen sitzen.

Wenn du während der Sitzmeditation Schmerzen hast, ist es wichtig, auf deinen Körper zu hören und feste Vorstellungen darüber, wie etwas sein muss oder aussehen soll, loszulassen. Wenn ich zu viel denke, kann ich nicht hören, was mein Körper mir sagt. Es geht darum, wirklich sitzen zu wollen, dann zuzuhören und auszuprobieren, um herauszufinden, was funktioniert.

Der ganze Prozess des Erwachens wurzelt im tiefen Wunsch, wirklich anders leben zu wollen. Es spielt keine Rolle, wie stark die Konditionierungen sind oder welche Hindernisse es gibt. Was zählt, ist der Wunsch. Das Wollen. Selbst mit schweren Verletzungen habe ich einen Weg gefunden, indem ich auf meinen Körper gehört habe – weil ich anders leben will. Ich habe keine festen Vorstellungen davon, was „anders leben" bedeutet oder wie es aussehen mag, überhaupt keine. Es ist immer ein Prozess des Zuhörens und Anpassens.

Halber Lotus

Voller Lotus

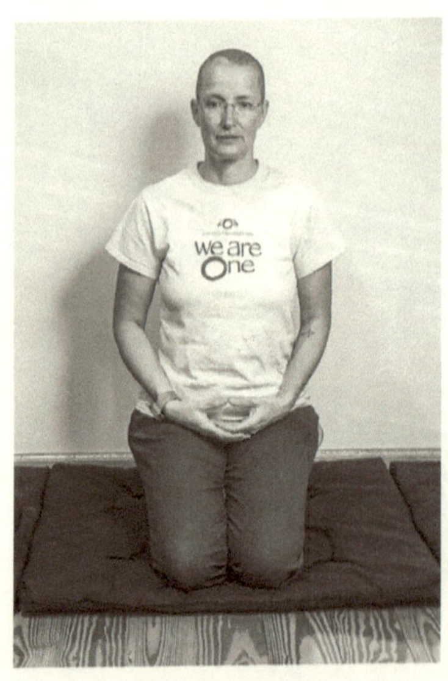

Seiza auf Bänkchen

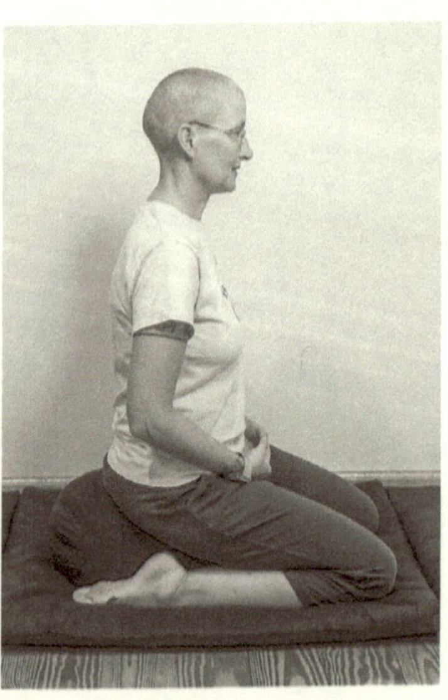

Seiza auf Kissen

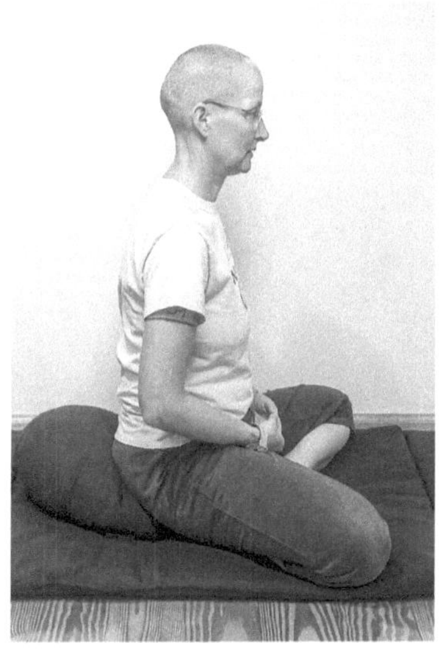

Seitenansicht,
auf einem Kissen sitzend

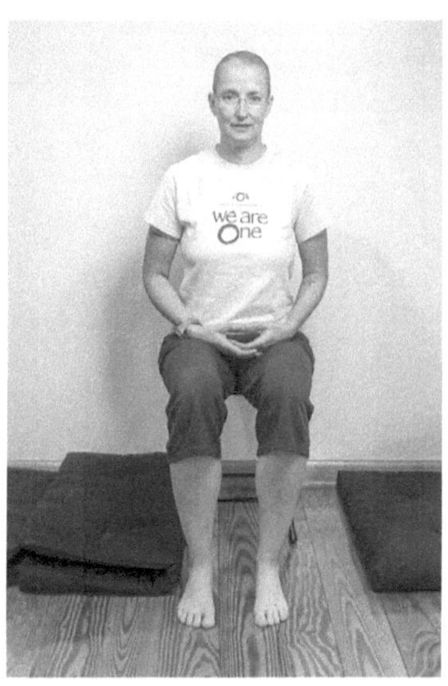

Sitzend auf einem Stuhl

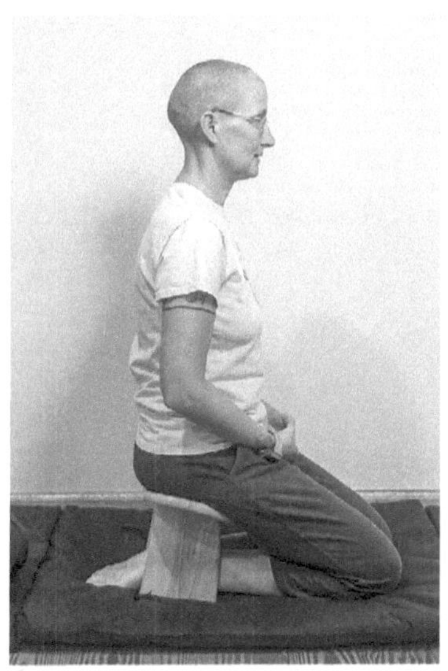

Seitenansicht, auf einem
Meditationsbänkchen sitzend

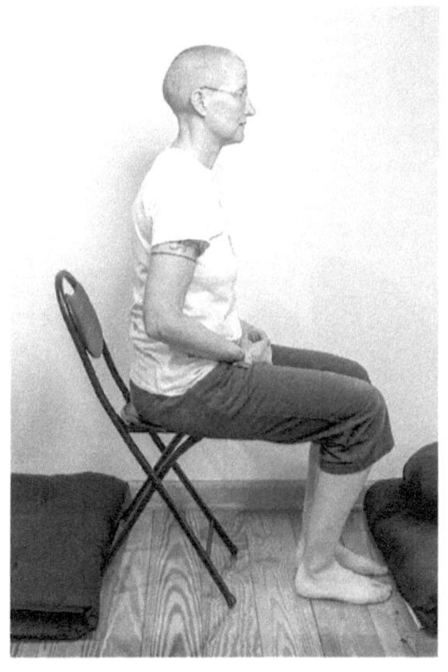

Seitenansicht,
auf einem Stuhl sitzend

WAHRES VERNEIGEN

„Dogen Zenji sagte einst: „Solange es wahres Verneigen gibt, wird der Weg des Buddha nicht verfallen."
Beim Verneigen erweisen wir der allgegenwärtigen Tugend der Weisheit, die der Buddha ist, unseren vollen Respekt. Wenn wir die Verneigung machen, sollten wir uns weder hastig noch träge bewegen, sondern einfach einen ehrfürchtigen Geist und eine demütige Haltung bewahren. Wenn wir uns zu schnell verneigen, ist die Verneigung allzu beiläufig; vielleicht beeilen wir uns sogar, sie hinter uns zu bringen. Dies ist häufig das Ergebnis mangelnder Ehrfurcht. Wenn unsere Verneigung hingegen zu langsam ist, wird sie zu einer eher pompösen Geste; wir könnten zu sehr an dem Gefühl des Verneigens oder an unserer eigenen (wirklichen oder eingebildeten) Anmut der Bewegung hängen. Dies bedeutet, die demütige Haltung verloren zu haben, die ein wahres Verneigen erfordert."

—*Taizan Maezumi Roshi,* Über Zen-Praxis

Verneigen

Im ersten Zen-Kloster, in dem ich lebte und studierte, wurde ich darin unterwiesen, wie und wann ich mich verneige. Man sagte mir, ich solle meine Handflächen aneinanderlegen, sodass Handflächen und Fingerspitzen sich berühren. Dann sollte ich die Daumen an die Knöchel meiner Zeigefinger ruhen lassen, und die Spitzen meiner längsten Finger sollten parallel zu meiner Nasenspitze sein. Auf Japanisch nennt man diese Haltung gassho.

Die Form sollte weder zu starr noch zu entspannt sein. Ich sollte meine Hände in einem angenehmen Abstand vor meinem Körper halten – weder zu weit entfernt noch zu nah. Beim Verneigen sollte ich mich aus der Taille heraus verneigen und meinen Blick auf die Person oder das Objekt gerichtet lassen, vor der oder dem ich mich verneigte. Kein anderer Teil meines Körpers sollte sich bewegen.

Beim Betreten des Meditationssaals wurde mir gesagt, dass ich zuerst mit dem rechten Fuß durch die Tür treten und mich dann auf diese Weise vor dem Raum selbst verneigen solle. Danach sollte ich zu meinem Sitzplatz gehen, mich vor meinem Kissen verneigen und mich dann so drehen (dass ich dem Altar niemals den Rücken zuwende), um mich vor der Person zu verneigen, die mir gegenübersaß. Ich wurde außerdem angewiesen, mich zu verneigen, wenn der Lehrer oder die Lehrerin oder die Person, die die Praxis leitete, den Meditationssaal betrat, was durch den Klang einer Glocke angekündigt wurde.

Damals empfand ich großen Widerstand gegen alles. Ich litt sehr unter meinen vorgefassten Vorstellungen darüber, was Verneigen bedeutete. Ich dachte, Verneigen sei ein Akt der Unterwerfung, ein Zeichen dafür, unter jemand anderem zu stehen. Deshalb widersetzte ich mich trotzig den Anweisungen. Hartnäckig weigerte ich mich, mich vor irgendjemandem oder irgendetwas zu verneigen.

Doch eines Tages, noch immer gefangen in meinem Leiden, betrat ich den Meditationssaal und stellte sicher, dass ich nicht beobachtet wurde, bevor ich mich halbherzig verneigte. Ich bemerkte, dass ich mich dadurch nicht erniedrigt fühlte. Ich setzte dieses halbherzige Experiment mit dem Verneigen fort, bis ich eines Tages, kurz bevor ich den Meditationssaal betrat, eine klare, ruhige innere Stimme hörte, die mich ermutigte, meinen Widerstand loszulassen und mich einfach zu verneigen. Ich dachte: Was soll's? Ich kann jederzeit wieder damit aufhören. Also legte ich meine Hände wie angewiesen in gassho, trat mit dem rechten Fuß in den Meditationssaal, und als mein linker Fuß den rechten erreichte, verneigte ich mich. Als ich mich wieder aufrichtete, wurde ich von einem Strom von Gefühlen überflutet. Ich brach in Tränen aus. Ich erlebte eine Leichtigkeit des Seins, von der ich nicht wusste, dass es sie gab, eine Befreiung vom Leiden, die allein daraus entstand, dass ich mich verneigte – einfach um mich zu verneigen.

Seitdem habe ich die Kraft der Verneigungspraxis im Prozess des Erwachens schätzen gelernt. Sie lädt mich ein, eine kraftvolle, feinfühlige und engagierte Verbindung herzustellen mit wem oder dem ich mich verneige. Ich sehe sie nicht mehr als eine Geste der Unterwerfung – ganz im Gegenteil. Heute sehe ich sie als eine Möglichkeit, das Potenzial des Erwachens zu ehren, das in jedem von uns existiert.

20 Angewandtes Zen

Der Altar

Um einen Hausaltar zu gestalten, stelle eine Statue oder ein Bild des Buddha in die Mitte eines Tisches oder Regals, sodass die Statue oder das Bild leicht über den anderen Elementen des Altars erhöht sind. Links vom Buddha platziere eine Blume oder Pflanze. Direkt vor und unterhalb des Buddha stelle eine kleine Schale mit Wasser, und direkt davor einen Räucherstäbchenhalter (dies kann eine kleine Schale mit Asche, Sand, ungekochtem Reis oder Erde sein). Rechts vom Buddha stelle eine Kerze.

Bevor ich auf den Altar im Meditationssaal zugehe, mache ich eine stehende Verneigung vor ihm. Damit verneige ich mich vor allem, was der Altar repräsentiert. Ich erkenne auch an, dass der Altar nichts anderes ist als unser eigener Körper. Jeder dort platzierte Gegenstand steht für eines der fünf Elemente, die Bausteine unserer Körper: Der Weihrauch steht für Luft – die Luft, die wir atmen und die für das Leben essenziell ist; die Kerze steht für Feuer – die wesentliche Energie, die es unserem Körper ermöglicht zu funktionieren; die Schale mit Wasser repräsentiert (natürlich) das Wasser, unser Körper besteht zu etwa 70 % aus Wasser; die Blume steht für die Erde, die die grundlegenden Elemente und Mineralien enthält, welche die Bausteine unseres Körpers sind; und der Buddha repräsentiert Raum oder Bewusstheit. Diese fünf Elemente sind es, die Leben in dieser Existenz möglich machen. Wenn ich mich am Altar verneige, erkenne ich die Gesamtheit der Existenz an und dass auch mein eigener Körper aus diesen Elementen besteht, dass ich nicht von ihnen getrennt bin.

In unserem Meditationssaal im Magnolia Zen Center befinden sich zu beiden Seiten des Buddha kleine Statuen verschiedener Bodhisattvas. Links vom Buddha steht Avalokiteshvara (auch bekannt als Kanzeon oder Guanyin), der Bodhisattva des Mitgefühls und des tiefen Zuhörens. Rechts vom Buddha steht Kshitigarbha (auch bekannt als Jizo oder Erd-Speicher-Bodhisattva), der Retter der Wesen, die in Höllenreichen gefangen sind, und der ihre Befreiung unterstützt.

Zu Beginn und am Ende von Praxisperioden oder Zeremonien verneige ich mich vollständig (eine Niederwerfung) vor dem Altar. Dabei senke ich mich zu Boden, lege meine Stirn auf den Boden und die Handrücken in Ohrhöhe auf den Boden, die Handflächen nach oben. Von dort schiebe ich meine Hände nach vorne und hebe sie dann leicht an, wobei meine Handflächen stets flach und parallel zum Boden bleiben. Währenddessen stelle ich mir vor, dass ich meine Hände sanft unter den sitzenden Buddha schiebe. Wenn ich meine Hände vom Boden anhebe, hebe ich den Buddha an, erhöhe den Buddha über mich und ehre damit das Gewahrsein/Bewusstsein, das der Buddha repräsentiert. Dieses Gewahrsein/Bewusstsein ist auch für mich und für jede und jeden von uns zugänglich. Dann senke

ich meine Hände vorsichtig wieder zum Boden, wobei ich mir vorstelle, dass ich den Buddha zurück auf die Erde setze. Anschließend gleite ich mit meinen Händen zurück bis zu einem Punkt direkt vor meinem Kopf und ziehe sie unter dem Buddha hervor.

Den Buddha über mich zu erheben, ist eine Erinnerung an meine Verpflichtung zu erwachen. Es ist eine Erinnerung an meine Bereitschaft und Absicht, in einen erleuchteten Zustand einzutreten und dieses Gewahrsein und Bewusstsein zu verkörpern – einen Zustand leer von Vorurteilen. Niederwerfungen sind keine unnütze Praxis, sondern eine, die die Entwicklung von Konzentration erfordert und fördert. Viele Menschen, die diese Praxis anfangs ausüben, tun dies ohne große Präzision. Sie legen einfach den Handrücken auf den Boden und beugen dann die Arme an den Ellbogen, sodass die

Handflächen in der Nähe ihrer Schultern zu liegen kommen. Damit werfen sie im Grunde genommen den Buddha über ihre Schultern. Es ist wichtig, sich während einer vollständigen Niederwerfung bewusst vorzustellen, was man tut, und ein Gewahrsein für den eigenen Körper im Raum zu entwickeln.

Bewusstsein in die Handlung des Verneigens und die Rituale der Praxis zu bringen, bedeutet, Bewusstsein in alle Handlungen unseres täglichen Lebens zu bringen. In Wirklichkeit sind die Handlungen des täglichen Lebens nichts anderes als Rituale. Alle Zen-buddhistischen Rituale, die wir lernen und praktizieren, haben einen Sinn. Doch am Anfang ist es wichtig, sich einfach auf die Rituale einzulassen – einfach um sich einzulassen. Wenn wir geübter werden, vertrauter, wird unser Verständnis wachsen, und jeder Widerstand gegen diese Praktiken wird beginnen, sich aufzulösen. An diesem Punkt werden die wahren Fragen auftauchen, und wenn wir Antworten auf unsere Fragen erhalten, werden diese Antworten klarer verstanden werden.

Ich praktiziere die Eröffnungsrituale und Niederwerfungen etwas anders, als es im Soto-Zen-Zentrum, in dem ich ausgebildet wurde, üblich war. Ich lege mein Kesa (meine formale Mönchsrobe) vor dem Altar und den Menschen, mit denen ich praktiziere, an. (Während meiner Ausbildung wäre ich bereits mit angelegtem Kesa in den Zendo gekommen.) Diese Geste vollziehe ich öffentlich, um dieses Ritual dem gesamten Raum und der Gemeinschaft anzubieten. Ich lege meine gefaltete Robe auf meinen Kopf und setze mich in Seiza, wobei ich dreimal still den Vers der Robe rezitiere: „Weit ist die

Robe der Befreiung, ein formloses Feld der Wohltätigkeit, ich trage die Lehre des Tathagata und rette alle fühlenden Wesen." Dann falte ich das Kesa vorsichtig auseinander und lege es an. Jeden Tag, egal ob ich mich in der Meditationshalle befinde oder nicht, lege ich die Robe auf meinen Kopf und rezitiere den Vers der Robe, bevor ich meine Robe oder mein Rakusu (die kleinere, alltägliche Robe) anlege. Damit drücke ich meine Verpflichtung aus und erneuere sie, die ich jedes Mal annehme, wenn ich die Robe trage.

Warum so viel Aufmerksamkeit für die Robe? Die Robe repräsentiert die „Tathagata-Lehre" oder den Dharma, daher zeige ich damit zugleich meine Demut vor ihm und die Realität meiner Verbundenheit mit ihm. Was ist der Dharma? Er ist die Wahrheit, die universelle Wahrheit, die über den Intellekt hinausgeht, die Wahrheit, die alles miteinander verbindet. Der Dharma ist das So-Sein oder die Essenz von allem, was ist.

Nachdem ich das Gewand angelegt habe, trete ich mit gefalteten Händen in gassho zur linken Seite des Altars. Am Altar angekommen, trete ich vor jede Figur, mache eine stehende Verneigung und rezitiere still: „Ich verneige mich vor dir...", wobei ich die verschiedenen Namen einfüge, unter denen jede Figur bekannt ist. (Zum Beispiel, wenn ich vor dem Bodhisattva Avalokiteshvara stehe, rezitiere ich: „Ich verneige mich vor dir, Avalokiteshvara Bodhisattva. Ich verneige mich vor dir, Guanyin Bodhisattva. Ich verneige mich vor dir, Kanzeon Bodhisattva.") Wenn ich direkt vor dem Buddha stehe, bringe ich (oder tue so, als ob ich es darbringe) auch eine kleine Prise gemahlenes Räucherwerk auf ein Stück schnell brennender Kohle dar. Wenn ich mich am Altar verneige, verneige ich mich nicht vor Göttern oder Kräften, die außerhalb von mir liegen. Ich verneige mich vor den erleuchteten Qualitäten, die jede Statue repräsentiert—Qualitäten, die ebenso in mir wie auch in dir existieren.

Gehmeditation

Phasen der Sitzmeditation können mit Gehmeditation unterbrochen werden. Gehmeditation ist der Sitzmeditation ähnlich, mit dem Unterschied, dass wir nun unser Bewusstsein für den Atem mit unseren Schritten verbinden; wir koordinieren unsere Schritte mit unserer Atmung. Mit jedem Einatmen setzen wir den rechten Fuß, mit jedem Ausatmen den linken. Wir gehen langsam und absichtsvoll, ohne eine Beziehung zwischen Atem und Schritten zu erzwingen, sondern lassen zu, dass sich eine harmonische Verbindung entwickelt.

Wenn wir in einer Gruppe sind, gehen wir in einer Reihe, einer hinter dem anderen. Du kannst deine Arme locker an den Seiten hängen lassen oder die traditionellere Handhaltung ausprobieren: Mache mit der linken Hand eine Faust, wobei der Daumen in der Faust liegt. Halte diese Faust mit der Handfläche in Richtung deines Solarplexus. Dann lege die rechte Hand über und um die linke Faust, sodass die Knöchel der linken Hand in der rechten Handfläche liegen. Lege in dieser Haltung den rechten Daumen oben auf die linke Hand. Halte diese Position beim Gehen bei, die Unterarme parallel zum Boden. Alternativ kannst du deine Hände in gassho halten, das heißt mit den Handflächen aneinandergelegt direkt vor dir, wobei die Spitzen der Mittelfinger auf Höhe der Nasenspitze sind. Senke deinen Blick und lass ihn einige Schritte vor dir ruhen.

Gehe einfach, um zu gehen

Es gibt kein Ziel und kein Ziel. Während du gehst, bringe dich mit jedem Schritt ins Hier und Jetzt. Sei dir bewusst, wie deine Füße den Boden berühren. Mit jedem Schritt berühren wir die Erde, verbinden uns mit ihr und kommunizieren mit ihr – und damit mit dem ganzen Universum. Bemerke alle Gedanken oder Gefühle, die auftauchen, während du gleichzeitig ein aktives Bewusstsein mit deinen Schritten und deinem Atem behältst.

Besonders in Zeiten von Aufruhr und Sorge ist die Gehmeditation ein wunderbares Hilfsmittel, um zentriert und fokussiert zu bleiben und sich nicht von Gedanken, Gefühlen und Wahrnehmungen mitreißen zu lassen. Entschleunige einfach und achte auf deinen Atem und deine Schritte. Gehmeditation ist auch eine hilfreiche Unterstützung, wenn du über längere Zeit meditieren möchtest. Wir können Sitzmeditation und Gehmeditation abwechseln, wodurch sich der Körper dehnt und erfrischt.

Bei der Gehmeditation im Freien folge denselben Richtlinien, doch geh etwas schneller, im Einklang mit dem Rhythmus der Welt und des täglichen Lebens. Zum Beispiel: atme drei Schritte lang ein und drei Schritte lang aus – mit dem Bewusstsein, dass die Absicht der Gehmeditation immer darin besteht, dass sich ein natürlicher Rhythmus von Atem und Schritten einstellen darf. (Ich habe für mich selbst festgestellt, dass mein natürlicher Rhythmus vier Schritte pro Einatmen

Gehmeditation 31

und vier Schritte pro Ausatmen ist.)

Während du gehst, erlaube dir, die Umgebung wahrzunehmen, durch die du dich bewegst und deren Teil du bist. Spüre, wie die Luft dich streift oder kühlt. Bemerke die Farben, durch die du gehst, und deine Beziehung zu ihnen, bemerke die Klänge und deine Beziehung zu ihnen. Sei dir bewusst, wie deine Füße beim Gehen den Boden berühren und mit jedem Schritt Kontakt mit der Erde aufnehmen. Gehe, atme und bemerke. Wenn unser Geist abschweift, bringen wir unsere Aufmerksamkeit zurück auf unsere Schritte und unseren Atem. Es kann hilfreich sein, Gehmeditation in den Alltag miteinzubeziehen. Beispielsweise kann das tägliche Üben auf dem Weg zur Arbeit oder zur Schule den Geist beruhigen und einen regenerativen Übergang schaffen.

Essmeditation

Wir alle müssen essen, doch oft achten wir kaum darauf, was, wie und mit wem wir essen. Essen kann selbst zu einer Droge werden, die unsere Gefühle betäubt und uns am Erwachen hindert. Die beste Vorbereitung auf die Essmeditation ist es, hungrig zu sein und zu erkennen, dass weniger oft hilfreicher für uns ist als mehr.

Wenn du dich mit einem Teller voller Nahrung hinsetzt, nimm dir, bevor du zu essen beginnst, einen Moment Zeit und atme dreimal bewusst ein und aus. Dann sprich den folgenden Vers laut oder still, mit den Händen in gassho, und schließe den Vers mit einer halben Verbeugung ab:

Dieses Essen ist das Geschenk des ganzen Universums- der Erde, des Himmels und viel harter Arbeit.

Mögen wir auf eine solche Art und Weise leben, die uns würdig macht, es zu empfangen.

Mögen wir unsere unheilsamen Geisteszustände umwandeln - insbesondere unsere Gier.

Mögen wir nur Essen zu uns nehmen, das uns nährt und uns vor Krankheit schützt.

Beginne nun zu essen und bemühe dich, den Prozess zu verlangsamen. Wenn möglich, iss in Stille. Kaue jeden Bissen fünfzig Mal. Die meisten von uns schlucken ihr Essen sehr schnell, fast ohne zu kauen. Für viele von uns gilt dieselbe Dynamik in unserem Leben: Wir wollen Dinge nicht „durchkauen". Wir hetzen durch unsere Lebenserfahrungen, konsumieren die Dinge, schieben alles hinein und hinunter. Nimm dir also Zeit, das wunderbare Geschenk der Nahrung zu würdigen – die Gerüche, die Geschmäcker, das Aussehen, die Klänge. Während du isst, bleibe mit deinem Atem in Verbindung. Beachte alle Gedanken und Gefühle, die auftauchen. Achte auch darauf, wie diese Gedanken und Gefühle Vorstellungen hervorbringen können, die wir oft als absolute Wahrheit erleben und die unser Handeln bestimmen. Essen kann eine sehr verletzliche Erfahrung sein, vielleicht gerade deshalb eilen wir so oft hindurch oder suchen Ablenkung davon. Beobachte, was du über den Prozess des Essens entdecken kannst.

Triff in der Essmeditation Entscheidungen, die dir helfen, die Nahrung, die du zu dir nimmst, vollständig zu erfahren. Anstatt nur für Geschmack und Vergnügen zu essen, denke an die Gesundheit deines Körpers und Geistes. Nahrung ist nur dann gesund, wenn es ein förderliches Gleichgewicht gibt; zu viel funktioniert nicht, zu wenig funktioniert nicht. In unserer Zen-Tradition verpflichten wir uns, kein Fleisch, keinen Fisch und kein Geflügel zu essen – als Ausdruck unseres

Gelübdes, nicht zu töten und keine Institutionen des Tötens zu unterstützen. Wir suchen auch nach Wegen, das Wohlergehen der Tiere und die Umwelt, die uns erhält, zu unterstützen.

Nimm dir bei jeder Mahlzeit fünfzehn Minuten Zeit für die Essmeditation, und dein Körper wird tatsächlich die Chance haben, dir mitzuteilen, wann er genug hat – einen Punkt, den wir oft verpassen. Dein Körper wird dankbar sein, Nahrung zu erhalten, die richtig gekaut ist, und er wird dankbar sein, nicht zu viel und nicht zu wenig zu bekommen. Wenn du mit Kindern isst, kannst du Wertschätzung und Bewusstsein für die Nahrung fördern, indem du die Mahlzeit damit beginnst, die Speisen auf dem Tisch zu benennen und diejenigen zu würdigen, die sie zubereitet haben, sowie die Mühe, die darin steckt.

Am Ende einer Phase der Essmeditation atme dreimal ein und aus und sage laut oder still: „Danke." Oder du kannst diesen abschließenden Vers rezitieren, mit den Händen in gassho, und ihn mit einer halben Verbeugung beenden:

Mögen wir in schlammigem Wasser existieren - mit Reinheit wie

die Lotus-Blume, auf diese Weise verneigen wir uns vor Buddha.

40 Angewandtes Zen

Arbeitsmeditation

Ob zu Hause oder am Arbeitsplatz – es gibt immer Arbeit zu tun. Deshalb können wir diese Aufgaben ebenso gut als Gelegenheit nutzen, unsere Meditationspraxis in unser tägliches Leben zu bringen. Arbeit – in welcher Form auch immer – ist stets in unserem Leben präsent und kann zu einem wunderbaren Ausdruck unserer Kreativität und unserer Verbundenheit mit allem Leben werden.

In der Arbeitsmeditation bleiben wir während der Arbeit mit unserem Atem verbunden, und wir arbeiten nur um des Arbeitens willen, nicht, um eine Aufgabe zu erledigen und von unserer Liste zu streichen. Wir arbeiten nicht, um fertig zu werden oder um etwas zu erreichen. Wir tun einfach das, was dran ist, mit vollem Bewusstsein und im Kontakt mit unserem Atem.

Um mit der Arbeitsmeditation zu beginnen, wähle eine Aufgabe aus und nimm dir alle Werkzeuge, die du dafür benötigst. Während du die Aufgabe ausführst – sei es Geschirr spülen, den Rasen mähen oder eine Geschäftssitzung leiten – nimm dir Zeit, alle Details wahrzunehmen: wie die Dinge aussehen, sich anfühlen, riechen. Sei dir bewusst, was du als angenehm oder unangenehm empfindest. Beobachte all die Gedanken, Gefühle und Empfindungen, die auftauchen, während du arbeitest. Wenn du merkst, dass du dich in Gedanken verlierst oder versuchst, die Aufgabe hastig zu erledigen, halte inne und erinnere dich daran, mit deinem Atem verbunden zu bleiben.

Erkenne, wann und wo du aus dem Gleichgewicht gerätst, und gehe einen Schritt in Richtung mehr Balance. Zum Beispiel: Wenn du jemand bist, der immer allein arbeitet, bitte jemanden um Hilfe. Wenn du dich meist im Hintergrund hältst und andere die Initiative ergreifen lässt, sei etwas entschlossener. Wenn du dazu neigst, zu schnell zu arbeiten, verlangsame dich.

Am Ende einer Phase der Arbeitsmeditation nimm dir Zeit, die Werkzeuge zu pflegen, die du verwendet hast. Zum Beispiel reinige sie und lege sie wieder an ihren Platz, wo du sie gefunden hast. Sich um die Hilfsmittel zu kümmern, die unsere Arbeit und unser Leben unterstützen, ist eine Form der Anerkennung und ein Ausdruck unserer Dankbarkeit ihnen gegenüber.

Ein chinesischer Zen-Mönch sagte: „Ein Tag ohne Arbeit ist ein Tag ohne Nahrung." Erinnere dich daran, dass unsere Arbeit uns unterstützt und unser Leben möglich macht. Ohne aktives Engagement im täglichen Leben erscheinen solch einfache Notwendigkeiten wie Nahrung nicht auf magische Art. Wir können unsere Arbeit als eine Möglichkeit sehen, der Welt dafür zu danken, dass sie uns Unterkunft, Nahrung, Licht, Wärme, Wasser und so weiter schenkt. Leider ist Arbeit in unserer Gesellschaft zu einer großen Quelle des Leidens geworden. Unser Wert, unsere soziale Anerkennung und

Zugehörigkeit werden oft daran gemessen, welche Art von Arbeit wir haben oder ob wir überhaupt Arbeit haben. Die Arbeitsmeditation kann uns helfen, das Licht des Gewahrseins und des Mitgefühls in die Welt der Arbeit zu bringen.

Tiefes Zuhören und Achtsame Sprache

So viel unseres Leidens spielt sich durch die Art und Weise ab, wie wir miteinander kommunizieren und in Beziehung treten. Die Praxis des tiefen Zuhörens und der achtsamen Sprache und Zuhörens bewusster zu werden. Sie unterstützt uns darin, die Wahrheiten anderer zu empfangen und unseren eigenen eine Stimme zu geben. Diese Praxis ist nicht immer angenehm und leicht, doch sie ist wesentlich, um aufzuwachen und die sich wiederholenden Kreisläufe des Leidens, die wir in der Welt sehen, zu beenden.

In dieser Praxis sitzen wir im Kreis. Ein Gegenstand – irgendein Gegenstand tut's – wird in die Mitte der Gruppe gelegt, und dann sitzen wir gemeinsam drei Atemzyklen lang (ein Zyklus ist ein Einatmen und ein Ausatmen). Wenn nun jemand in der Gruppe den Impuls verspürt zu sprechen, signalisiert er oder sie der Gruppe ohne Worte, dass er/sie den Gegenstand aufheben wird. Ich schlage oft vor, dass diese Person die Handflächen in gassho vor sich tut und sich verneigt, aber jede Geste ist möglich, auch ein Winken geht. Nach dieser Geste nimmt die sprechende Person den Gegenstand auf, sitzt ruhig für drei Atemzyklen und beginnt dann zu sprechen – stets mit dem Bewusstsein beim Atem als Anker.

Die Person mit dem „Sprech-Gegenstand" ist ermächtigt zu sprechen, und die anderen in der Gruppe sind ermächtigt zuzuhören. Auch die Zuhörer nutzen den Atem als Anker, achten auf die Gedanken, Gefühle und Wahrnehmungen, die auftauchen. Zuhörer kommentieren nicht und geben keine Ratschläge; sie atmen einfach ein und aus, bemühen sich, mit ihrem ganzen Wesen zuzuhören – und bemerken, was ihre Fähigkeit zuzuhören stört oder behindert. Wenn die sprechende Person fertig ist, gibt sie der Gruppe mit einer Geste – vielleicht derselben wie zu Beginn – ein Zeichen und legt den Gegenstand zurück in die Mitte. Nun wird die Sprecherin oder der Sprecher selbst zum aktiven Zuhörer.

Beim Sprechen verwende ausschließlich Ich-Botschaften: „Ich fühle …", „Ich bemerke …" und so weiter. Vermeide allgemeine oder universelle Formulierungen, die mit "man/er/ sie" etc. beginnen. Dies ist nicht die Zeit für Philosophieren, Theoretisieren oder dem Mitteilen von politischen oder religiösen Überzeugungen. Es ist die Zeit, authentisch aus dem Selbst zu sprechen, aus dem "shin", dem Herz-Geist.

Die Gruppe kann ein Thema für die Praxis wählen, oder die Teilnehmenden sprechen über das, was ihnen in diesem Moment wichtig erscheint. Beispiele für Themen sind:

- Warum bin ich zur Zen-Praxis gekommen?

- Was hindert mich daran, Meditation in mein tägliches Leben zu bringen?

- Wie erlebe ich Einsamkeit (Wut, Angst)?

Wenn jemand während des Sprechens emotional wird, sind die Zuhörer ermutigt, diesen Prozess nicht zu unterbrechen und keine üblichen Gesten des Trostes anzubieten. Kein Klopfen auf den Rücken, kein Taschentuchreichen – außer die sprechende Person bittet ausdrücklich darum. Oft entspringen solche „tröstenden" Gesten dem Unbehagen der Zuhörenden und ihrem Wunsch, die andere Person darin zu stoppen, emotional zu sein. In der Praxis des tiefen Zuhörens lassen wir andere ihre Gefühle haben und sie vollständig ausdrücken, ohne Unterbrechung – und wir achten gleichzeitig auf die Impulse und Gefühle, die in uns selbst entstehen, während wir zuhören.

Was in diesen Gruppen gesagt wird, muss in der Gruppe bleiben, um Sicherheit und Privatsphäre zu schaffen. Es handelt sich nicht um Diskussionsgruppen – es gibt daher kein gegenseitiges Erwidern, Kommentieren oder Erteilen von Ratschlägen. Es ist eine disziplinierte Praxis, die aktives Zuhören fördert.

Tiefes Zuhören bedeutet weit mehr, als nur Geräusche mit den Ohren aufzunehmen. Die meisten von uns haben nie gelernt, wie man wirklich einem anderen Menschen zuhört. Normalerweise, wenn wir glauben zuzuhören, denken wir eigentlich nur darüber nach, wie wir antworten wollen. Vielleicht überlegen wir auch, wie wir den anderen verändern wollen. Im tiefen Zuhören gehen wir einen anderen Weg. Das Wesen des tiefen Zuhörens ist:

1. Mir bewusst zu sein, was ich fühle, was ich denke und wie meine Gedanken und Gefühle beim Zuhören Vorstellungen entstehen lassen.

2. Zu wissen, dass meine Gefühle meine eigenen sind und nicht notwendigerweise die er sprechenden Person.

3. Zu erkennen, dass es nicht meine Verantwortung ist, den anderen in Ordnung zu bringen, zu trösten oder zu heilen.

4. Zu verstehen, dass die meiste Kommunikation nonverbal ist.

Mit dieser Haltung wird echtes Zuhören möglich.

In unserer Zen-Linie rezitieren wir regelmäßig die Anrufung von Avalokiteshvara, dem Bodhisattva, der/die/das durch das „Hören der Klänge der Welt" erleuchtet wurde. Diese Anrufung beschreibt die Haltung und den Wert des tiefen Zuhörens:

Wir rufen deinen Namen, Avalokiteshvara. Wir haben die feste Absicht, deine Art des Zuhörens zu erlernen, um das Leiden in der Welt lindern zu helfen. Du weißt, wie man zuhört, um zu verstehen. Wir rufen deinen Namen, um mit offenem Herzen und unserer ganzen Aufmerksamkeit das Zuhören zu üben. Wir werden dasitzen und zuhören, ohne voreingenommen zu sein. Wir werden dasitzen und zuhören, ohne zu verurteilen oder zu beeinflussen. Wir werden dasitzen und zuhören, um zu verstehen. Wir werden dasitzen und so aufmerksam zuhören, dass wir wirklich wahrnehmen können, was die andere Person sagt und auch, was ungesagt bleibt. Wir wissen, dass wir schon durch tiefes Zuhören sehr viel Schmerz und Leid bei dem anderen lindern können.

Auf diese Weise zuhören zu lernen, ist ein wesentlicher Aspekt dessen, Meditation ins Leben zu bringen: sie vom

Kissen herunterzunehmen und sie jederzeit in alles, was wir tun, zu bringen.

Wie mit allen Formen der Praxis ist auch diese ein fortlaufender, offener Prozess. Wir können damit beginnen, indem wir bemerken, was uns am tiefen Zuhören hindert: Verpasse ich, was gesagt wird, weil ich schon meine Antwort plane? Denke ich darüber nach, wie ich die andere Person in Ordnung bringen kann oder retten kann? Wenn ich das bemerke, dass ich so etwas mache, kann ich innehalten, meine Aufmerksamkeit bewusst zurück zum Atem bringen und einfach zuhören.

Lasst uns einander zuhören – wirklich zuhören –, ohne irgendetwas ändern oder in Ordnung bringen zu wollen. Während wir zuhören, schenken wir lediglich unsere Offenheit und unsere Begleitung. Das ist der Anfang des Weges zur Heilung. Auch wenn wir glauben, wir wüssten, wie man zuhört, gelingt es uns oft nicht wirklich. Wir neigen dazu, das Gesagte zu bewerten, uns zu verteidigen, zu reagieren, Ratschläge zu geben oder zu versuchen, die Situation in irgendeiner Weise zu kontrollieren. Daher ist eine disziplinierte Praxis des Zuhörens hilfreich.

Ich möchte die Bedeutung des Sprechens und Zuhörens hervorheben und betonen, wie wichtig es ist zu verstehen, dass Heilung nicht einfach so geschieht, nachdem man ein Trauma erlebt hat. Heilung geschieht vielmehr durch das eigene Handeln der Person, die das Trauma erlebt hat. In unserer Gesellschaft wird uns suggeriert, dass etwas außerhalb von uns uns heilt – ein Arzt/eine Ärztin, ein Therapeut/eine Therapeutin, ein Prediger, eine Predigerin, Gott. In Wirklichkeit sind wir selbst für unsere Heilung verantwortlich. Wir brauchen Hilfsmittel, die uns auf unserem Weg unterstützen, und diese sind in spiritueller Praxis verwurzelt – in der Wahrheit, dass wir uns nicht vor unserem Leiden verstecken oder es auslöschen können, wohl aber lernen können, mit unserer Unfriedlichkeit Frieden zu schließen.

Schlafmeditation

Wenn wir uns ins Bett legen – oder wo auch immer wir die Gelegenheit haben, diese Praxis zu üben –, ist es wichtig, sich der Notwendigkeit und des Geschenks von Ruhe bewusst zu sein. Wenn du dich zum Schlafen hinlegst, lege deine Arme und Hände an die Seite oder ruhe sie auf deinem Bauch, während du mit Achtsamkeit? bewusst ein- und ausatmest. Erlaube deinem Körper, sich in die Erfahrung des Schlafs hineinzuentspannen. Schlafen – einfach nur um zu schlafen.

Ich habe viele Jahre gelitten, weil ich starre Erwartungen daran hatte, wie ich schlafen „sollte": dass eine normale oder gesunde Nachtruhe aus mindestens acht Stunden ununterbrochenem Schlaf bestehen müsse. Das ist nicht meine Realität. Bevor ich mit der Zen-Praxis in Berührung kam, klammerte ich mich an äußere Lösungen, um mein Schlafmuster diesem Standard anzupassen – und ich litt. Durch meine disziplinierte, engagierte und beständige Anwendung der in diesem Buch beschriebenen Praktiken kam ich zur Erkenntnis, dass meine Art zu schlafen mein Standard ist – und dass ich ausreichend guten Schlaf bekomme.

Manchmal werde ich in Träumen von sehr beunruhigenden Situationen heimgesucht – so beunruhigend, dass ich nicht wieder zur Ruhe komme um weiterzuschlafen. In diesen Momenten habe ich Strategien entwickeln können, die in der Praxis verwurzelt sind und mich unterstützen. Manchmal sitze ich in Meditation, manchmal übe ich Gehmeditation, manchmal putze ich (Arbeitsmeditation), manchmal lese ich. Ich experimentiere, lasse mich von den Erfahrungen dieser Momente leiten, bis ich mich wieder beruhigen und hinlegen kann. Es gibt auch Situationen, in denen ich mich einfach nicht wieder hinlegen kann. In solchen Momenten trage ich das Wissen in mir, dass ich irgendwann wieder zur Ruhe finden werde.

Auch während der Praxis der Schlafmeditation ist es wichtig, sich der Auswirkungen auf andere bewusst zu sein. Wir üben Schlafmeditation in strikter Stille. Wenn das nicht möglich ist, dann lege dich bitte so hin, dass du andere nicht störst. Auch das ist Meditationspraxis: sich bewusst zu sein, dass ich nicht an meiner Haut aufhöre, dass meine Handlungen alles um mich herum berühren, dass meine Handlungen das ganze Universum beeinflussen.

Keine Spuren hinterlassen

Ein wichtiger Aspekt einer aktiven Meditationspraxis ist die Fürsorge für die Räume, die wir bewohnen. Nimm dir im Laufe des Tages Zeit, hinter dir aufzuräumen, und achte dabei auf die Details. Bevor du einen Raum verlässt, den du genutzt hast, bringe ihn so in Ordnung, dass die nächste Person nicht erkennen kann, dass du dort gewesen bist.

Diese Praxis beginnt, wenn wir morgens aufwachen. Mache das Bett so, als hättest du nie darin geschlafen. Ich tue dies jedes Mal, wenn ich ein Bett verlasse – ohne Ausnahme. Mit dieser Praxis drücke ich meine Dankbarkeit dafür aus, ein Bett zum Schlafen zu haben, denn das war für mich nicht immer selbstverständlich.

Hinterlasse auch im Badezimmer keine Spuren. Am Waschbecken halte ein kleines Handtuch bereit, um das Becken und den Wasserhahn nach jeder Benutzung abzuwischen und zu trocknen. Nach dem Duschen benutze einen Abzieher für die Wände der Dusche und anschließend ein kleines Handtuch, um die Wände, Armaturen und den Boden der Dusche zu trocknen. Hinterlasse keine Wassertropfen oder Haare. Während du nach dir selbst? hinter Dir aufräumst, nimm dir die Zeit wertzuschätzen, wie das Badezimmer dich Tag für Tag unterstützt. Zeige deine Wertschätzung, indem du dich um es kümmerst. Auf diese Weise zeigen wir auch Fürsorge und Respekt für die nächste Person, die das Badezimmer nach uns benutzt.

In der Küche gilt: Hinterlasse nach der Zubereitung einer Mahlzeit oder eines Snacks kein schmutziges Geschirr im Spülbecken. Nimm dir die Zeit, alle Teller, Bestecke? Besteck, Töpfe und Pfannen sorgfältig zu spülen und alles an seinen Platz zurückzustellen. Während du aufräumst, achte darauf, wie all die Dinge, die du benutzt hast, dir geholfen haben, dich zu nähren. Schließe ab, indem du die Arbeitsflächen abwischst sowie das Spülbecken reinigst und trocknest.

Die Praxis, keine Spuren zu hinterlassen, steht im Gegensatz zu unserer typischen schnelllebigen „Kaufen-und-wegwerfen"-Kultur. Sie entschleunigt uns und ermutigt uns, die Dinge, die wir besitzen, und die Räume, die wir bewohnen, nicht einfach nur zu verbrauchen. Wir verwandeln uns von Konsumenten unserer Besitztümer in deren Hüter.

In diesen unruhigen Zeiten werde ich oft gefragt, was Menschen tun können, um positive Veränderungen in der Welt zu bewirken. Ich schlage häufig vor, damit zu beginnen, morgens das Bett so zu machen, als hätte man nie darin geschlafen. Das mag banal klingen, doch die Praxis, keine Spuren zu hinterlassen, ist tiefgründig und transformierend. Wie wir uns um die Räume kümmern, in denen wir leben, ist direkt damit verbunden, wie wir uns um uns selbst und unsere Welt kümmern.

Inspiration finde ich in den überlieferten Lehren des chinesischen Zen-Mönchs Fayan Wenyi aus dem 10. Jahrhundert. Eine der Lektionen, die ich aus seinen Lehren ziehe, lautet: Wenn etwas nicht praktisch ist, ist es nicht spirituell. Im Zen geht es nicht darum, was wir denken, sagen oder glauben. Es geht darum, was wir tun. Wir können uns kein neues Leben „herbeidenken". Wir müssen unser Leben so gestalten, dass daraus ein neues Denken entsteht.

60 Angewandtes Zen

Pünktlich sein

Wann immer wir uns zur formellen Zen-Praxis versammeln, betone ich die Bedeutung der Pünktlichkeit. In unserer Gemeinschaft bedeutet das, fünf Minuten vor Beginn der Praxisperiode auf dem Kissen oder Stuhl zu sitzen und zur Ruhe gekommen zu sein. Wenn Menschen zu spät kommen, bitten wir sie, draußen vor dem Zendo zu warten, bis wir zur nächsten Form der Praxis übergehen.

Im Laufe der Jahre habe ich festgestellt, dass es den Ablauf des Tages ruhiger und reibungsloser macht, wenn man fünf Minuten früher erscheint – nicht nur zu Praxiszeiten, sondern auch zu jedem anderen Termin. Und doch ist der Widerstand, dem ich gegen diese einfache Praxis begegne, bemerkenswert. Menschen eilen oft in den letzten Sekunden ins? in den Zendo, kurz bevor wir die Tür schließen – atemlos und gestresst. Dieses Hetzen bringt eine chaotische Energie mit sich, die die gesamte Gruppe beeinflusst. Zu spät zu kommen lenkt außerdem die Aufmerksamkeit auf die eigene Person und kann, bewusst oder unbewusst, eine Art sein, die Gruppe zu kontrollieren.

Pünktlich zu sein, zeigt Fürsorge und Respekt für die Person oder die Menschen, mit denen ich mich treffe, und es ist zugleich eine weitere Möglichkeit, Achtsamkeit? Bewusstheit zu üben. Pünktlichkeit erfordert, dass ich mir bewusst mache, wo ich mich in Raum und Zeit befinde. Ich muss meine Tätigkeiten so einteilen, dass ich mir genug Zeit gebe, um ohne Hast und unnötigen Stress zu meinem nächsten Termin zu gelangen.

Manche Menschen kommen beständig zu spät zur Praxis und sind dann verärgert, wenn man sie bittet, bis zur nächsten Praxisperiode draußen vor dem Zendo zu warten. Oft versuchen diejenigen, die zu spät kommen, ihre Verspätung zu rechtfertigen oder darüber zu diskutieren. Von Zeit zu Zeit werden wir trotz bester Absichten zu spät kommen. In einem solchen Fall können wir einfach Verantwortung übernehmen, ohne zu argumentieren. Wenn uns bewusst ist? klar wird, dass wir uns verspäten, können wir außerdem Respekt zeigen, indem wir die andere Person so bald wie möglich benachrichtigen. Das ist höflich, nimmt dem anderen die Anspannung und zeigt, dass der Termin und die Person uns wichtig sind.

Mache es dir zur Praxis, zu jedem Termin in deinem Kalender fünf Minuten früher zu erscheinen, im Bewusstsein, dass Meditation und Alltagsleben nicht zwei verschiedene Dinge sind. Beobachte, wie diese Praxis mehr Ruhe in dein Leben einlädt. Achte auch darauf, was dich davon abhält, pünktlich zu sein. Bist du in deiner Planung unrealistisch? Hast du dich von deinem Telefon ablenken lassen? Beobachte, ob es ein Muster gibt, das dich zu spät kommen lässt – und wenn du zu spät kommst, übernimm Verantwortung dafür.

Türpraxis

Im ersten buddhistischen Kloster, in dem ich studierte, lehrte mich der Abt die Praxis, jede Tür, durch die ich ging, bewusst und achtsam zu öffnen und zu schließen. Diese Praxis übe ich noch heute. Sie verlangsamt mich, erdet mich im gegenwärtigen Moment und hilft mir, dem Drang zu widerstehen, hastig in das hineinzustürmen, was ich mir vorstelle, was als Nächstes ansteht.

Wenn du dich einer Tür näherst, achte auf jedes Detail des Hindurchgehens. Sei dir deines Körpers bewusst, deiner Hand, die nach der Türklinke greift, sie erfasst, dreht und die Tür öffnet. Beobachte deinen Geist. Bemerke die Gedanken und Gefühle, die auftauchen. Achte darauf, wie sie dich dazu drängen, unachtsam nach vorne zu stürmen. Lerne, mit diesen Gefühlen präsent zu sein. Gehe bewusst durch die Tür. Bemerke, wie sich deine ganze Welt verschiebt und verändert. Es ist, als würdest du von einem Universum in ein anderes treten. Sei bereit, es auf diese Weise zu erfahren.

Achte dann auch darauf, wie du die Tür wieder schließt. Bemerke die Bewegungen deines Körpers, wenn du nach der Klinke auf der anderen Seite der Tür greifst. Schließe die Tür mit Sanftheit und Sorgfalt, und achte darauf, wie du die Klinke wieder loslässt. Beende diesen Prozess vollständig, bevor du dich dem neuen Raum zuwendest.

Am Anfang war diese Praxis für mich intensiv und schwierig. Die Gefühle, die in mir aufstiegen, wirkten explosiv und kaum auszuhalten. Manchmal fühlte es sich an, als wäre ein Schwarm summender Bienen in meinem Körper, und ich wollte nur, dass es aufhört. Ich versuchte, diese Art von Gefühlen zu vermeiden, indem ich mich ständig beschäftigte und meine Aufmerksamkeit auf Dinge außerhalb von mir richtete – Dinge, über die ich keinerlei Kontrolle hatte. Diese Praxis half mir, langsamer zu werden und den Wert der Präsenz zu lernen – und sie half mir zu verstehen, was mich davon ablenkte, präsent zu sein.

Es ist interessant zu beobachten, wie Besucher des Magnolia Zen Center die Tür zum Zendo durchschreiten, bevor sie diese Praxis kennenlernen. Die meisten gehen unachtsam hindurch. Es ist nicht ungewöhnlich, dass Menschen hastig und laut durch die Tür stürmen, schnell zu ihrem Kissen eilen und vergessen, die Tür hinter sich zu schließen. Sie verstehen noch nicht, dass Meditation nicht auf dem Kissen oder Stuhl beginnt oder endet.

Lenk deine volle Aufmerksamkeit auf diese Übergänge von einem Raum in einen anderen. Türen bieten uns häufige und wunderbare Gelegenheiten, damit zu beginnen, anders zu leben.

68 Angewandtes Zen

Abschiedsmeditation

Wann immer sich Gruppen im Magnolia Zen Zentrum versammeln – ob persönlich oder online –, wird am Ende jeder Veranstaltung besonders auf das Verabschieden geachtet. Als ehemaliger Soldat im Krieg bin ich mir der Unsicherheit und Zerbrechlichkeit des Lebens tief bewusst. Deshalb nehme ich mir die Zeit, mich mit voller Aufmerksamkeit zu verabschieden, denn in Wahrheit weiß ich nicht, ob ich die andere Person jemals wiedersehen werde – und ich möchte diese Gelegenheit nicht verpassen.

Sich zu verabschieden ist ein intimer Prozess. Er berührt Gefühle von Verlust und Trauer. Es gab eine Zeit in meinem Leben, in der ich das Verabschieden vermied. Ich wusste nicht, wie ich in den verletzlichen Momenten präsent sein konnte, mit den Gefühlen, die in mir aufstiegen, wenn ich diesen Verlust anerkannte. Mir war nicht einmal bewusst, dass ich solche Gefühle hatte.

Mit der Zeit haben sich Abschiede zu einer spirituellen Praxis entwickelt – einer weiteren Form einer aktiven Meditationspraxis. Meist beginne ich einen Abschied, indem ich mich in gassho vor der anderen Person verneige und dann in Worten meine Zuneigung und Dankbarkeit für unsere gemeinsame Zeit ausdrücke. Wie bei allen Formen der Meditation bleibe ich mit meinem Atem in Verbindung, nehme wahr, was in mir aufsteigt, und auch, was mich davon ablenken könnte, während dieses Prozesses präsent zu bleiben. Sich zu verabschieden ist nicht unähnlich dem Schreiten durch eine Tür. Ich achte aufmerksam auf diesen Übergang. Ich eile nicht hindurch, um Unbehagen zu vermeiden. Für Abschiede nehme ich mir bewusst Zeit.

Sich zu verabschieden gibt mir die Möglichkeit, meine Fürsorge und meinen Respekt für den anderen auszudrücken, solange ich es noch kann. Wenn Abschiede mit voller Aufmerksamkeit und Bewusstheit vollzogen werden, drücken sie meinen Wunsch aus, Menschen, Orte, Tiere oder jegliche Verbindung nicht als selbstverständlich zu betrachten. Es spiegelt auch meine Bereitschaft wider, die Realität der Vergänglichkeit anzuerkennen.

Wenn wir den alltäglichen und gewöhnlichen Abschieden Aufmerksamkeit schenken, wird uns das Halt geben, wenn wir uns den grösseren Veränderungen und Abschieden gegenüber sehen. In unserer Zen-Tradition rezitieren wir jeden Abend den folgenden Vers:

Mit Respekt erinnere ich dich daran,

Dass Leben und Tod von höchster Wichtigkeit sind.

Die Zeit vergeht wie im Fluge, und Gelegenheiten sind versäumt.

*Jede*r von uns muss sich um sein Erwachen bemühen.*

Erwache! Sei aufmerksam! Verschwende nicht dieses Leben!

Verpasse nicht die alltäglichen Gelegenheiten, Abschied zu nehmen. Ohne einen echten Abschied kann es kein wahres Willkommen geben.

72 Angewandtes Zen

Abschließende Worte

Nach meiner Erfahrung kommen Menschen aus den unterschiedlichsten Gründen zur spirituellen Praxis, doch im Kern all dieser Gründe liegt ein nagendes Gefühl der Unvollständigkeit – das Gefühl, dass etwas fehlt. Menschen kommen zur Zen-Praxis, weil sie eine Art Sinn für ihre Existenz suchen. Dies kann geschehen (die Entdeckung von Sinn), aber nur authentisch im Kontext der spirituellen Wirklichkeit des Lebens, die durch die Disziplin spiritueller Praxis gepflegt und aufrechterhalten wird.

Spirituelle Praxis erfordert eine unerschütterliche Verpflichtung und Disziplin, denn ohne diese wird sich nichts ändern. Die spirituelle Praxis an sich ist recht einfach. Sie wurzelt in der Wahrheit, dass wenn wir wollen, das Dinge anders sind, dann müssen wir unser Leben auf irgendeine Weise anders leben.

In meiner eigenen Praxis, meinem Studium und meiner Lehrtätigkeit haben sich im Laufe der Jahre vier wesentliche Aspekte der Zen-buddhistischen Praxis für mich herauskristallisiert:

1. Stille

Die Grundlage der Zen-Praxis ist eine verpflichtende, beständige, stille Sitzmeditation, die von einer authentischen Lehrerin oder einem Lehrer und einer Praxisgemeinschaft unterstützt wird. Zen-Praxis bedeutet, mehr Stille in unser Leben zu bringen und die Stille der Sitzmeditation in alles zu tragen, was wir tun. „Stille" bedeutet in diesem Zusammenhang nicht bloß das Fehlen von Geräuschen. Jeder, der schon einmal in Meditation gesessen hat, weiß, dass die Vorgänge im Geist, auch ohne äußere Geräusche, ohrenbetäubend sein können. Die Praxis der Stille bedeutet, unsere Beziehung zu den inneren und äußeren Geräuschen, die uns Tag und Nacht begleiten, wahrzunehmen und zu verändern – weder sie zurückzuweisen noch uns an sie zu klammern.

2. Disziplin

Ein wesentlicher Bestandteil unserer Praxis ist die Verpflichtung und Entschlossenheit, weiterzumachen – egal was passiert –, weiter zu sitzen nur um des Sitzens willen, zu gehen nur um des Gehens willen, zu essen nur um des Essens willen, ganz gleich, ob uns danach ist oder nicht. Auf dem Weg werden wir Zweifeln und Herausforderungen begegnen. Unser Geist wird uns sagen, dass wir heute eigentlich nicht sitzen müssten, dass es keine Rolle spiele oder dass es „nicht funktioniert". Unsere Disziplin besteht darin, jeden Tag weiter zu praktizieren – auf dem Kissen und im Alltag – und zu sehen, was sich entfaltet.

3. Ritual

Teil einer verbindlichen Zen-Praxis ist es, die Rituale und Zeremonien zu erlernen, die seit Generationen von Leher*innen zu Schüler*innen weitergegeben werden. „Der Zweck der Zeremonie", so das Sutra des Hui-neng, „ist, den Hochmut zu zügeln." Unser Leben ist voller Rituale – nicht nur im Meditationsraum, sondern während des gesamten Tages. Unsere Praxis besteht darin, allem, was wir im Zendo tun, große Sorgfalt und Aufmerksamkeit zu widmen und dies dann auf alle Aspekte unseres täglichen Lebens zu übertragen.

4. Studium

Unsere Praxis wird vertieft durch das Lesen klassischer buddhistischer Texte wie des Dhammapada, des Herz-Sutras, des Diamant-Sutras, des Lankavatara-Sutras, des Plattform-Sutras und des Avatamsaka-Sutras. Doch wir müssen uns daran erinnern, dass Erwachen kein intellektueller Prozess ist. Wenn wir diese Texte studieren, lesen wir nur, um zu lesen, stets im Bewusstsein, dass das Herz der Praxis nicht in den Worten liegt, sondern im Raum zwischen den Worten, im Raum zwischen den Buchstaben.

Was in diesem Buch angeboten wird, sind Werkzeuge, die uns im Prozess des Erwachens unterstützen werden – im Prozess, anders zu leben. Doch wir müssen diese Werkzeuge konsequent anwenden und ohne die Erwartung eines vorgestellten Ergebnisses. Wir müssen diese Praxisformen einfach um ihrer selbst willen ausüben – praktizieren nur um des Praktizierens willen. Durch diese Bemühung werden wir schließlich Einsicht erlangen – Einsicht in die Natur unseres

Leidens und die Natur unseres Widerstands, die frei gegebenen Werkzeuge dieser Lehre anzuwenden.

Niemand kann dies für uns tun. Jede*r Einzelne von uns trägt die Verantwortung, Meditation in allem, was wir tun, zum Leben zu erwecken, zu erkennen, was uns daran hindert – und dann etwas anderes zu tun. Wir haben die Wahl und die Möglichkeit, anders zu leben, gegenwärtiger und vollständiger in unserem Leben zu sein.

Über den Autor

Claude AnShin Thomas ist ein hochdekorierter Vietnamkriegsveteran, der Zen-Buddhistischer Mönch, Autor und Redner wurde. Ausgebildet in einem vietnamesischen Zen-Kloster sowie in der White-Plum-Linie des japanischen Soto-Zen, vermittelt Claude AnShin die Lehren des Zen-Buddhismus auf eine nicht-religiöse Weise, direkt und lebensnah, getragen von tiefem Mitgefühl und Klarheit. Er ist Autor des preisgekrönten Buches *Am Tor zur Hölle – Der Weg eines Soldaten zum Zen Mönch* sowie jüngst der Werke *Meditation mitten im Leben – 108 Lehren auf dem Zen Weg* und *Am Rande des Schlafes: Gedichte über Krieg und Erinnerung.*

Internationale Arbeit

Claude AnShin Thomas teilt seine Zeit zwischen den USA, Europa und Südamerika, wo er über die tatsächlichen Kosten von Krieg und Gewalt spricht und darüber, wie die Meditationspraxis Heilung und Transformation unterstützen kann. Sein Engagement gilt der Bewusstmachung der Gewaltkultur in und zwischen Individuen, Familien, Gesellschaften und Nationen.

Sein tiefes Verständnis für das Wesen des Leidens ermöglicht es ihm, Menschen in den unterschiedlichsten Kontexten zu dienen – darunter Kriegsgebiete, Krankenhäuser, Schulen und Gefängnisse. Er hat Meditationsretreats an Orten von Krieg und Leiden geleitet und steht im Austausch mit Paramilitärs, Bandenmitgliedern, Guerillas und Geflüchteten. Mit öffentlichen Vorträgen und Retreats hilft er Teilnehmenden, wiederkehrende Kreisläufe des Leidens zu erkennen und zu durchbrechen.

Arbeit mit Veteranen

Claude AnShin Thomas leitet regelmäßig Meditationsretreats für Veteranen, die mit posttraumatischem Stress und moralischen Verletzungen leben. Bei diesen Retreats, die an verschiedenen Orten in den USA stattfinden, lernen Veteranen und ihre Familienangehörigen, Meditation in vielfältigen Formen zu praktizieren – darunter Sitzen, Gehen, Arbeiten, Essen und Schreiben – und so den Prozess der Wiederherstellung ihres Lebens zu beginnen.

Akademische Arbeit

Claude AnShin Thomas war Gastdozent und „Scholar-in-Residence" am Moravian College in Bethlehem (Pennsylvania) sowie am Allegheny College in Meadville (Pennsylvania). Er besitzt einen Bachelor of Science in Englischdidaktik von der Slippery Rock University (Slippery Rock, PA), einen Master of Science in Management von der Lesley University (Cambridge, MA) sowie ein Ehrendoktorat der Theologie vom Moravian College (Bethlehem, PA).

Bleibe in Kontakt

Trage dich in unsere E-Mail-Liste ein

Erfahre mehr über Retreats und andere Veranstaltungen und erhalte die neuesten Nachrichten über die Arbeit von Claude AnShin Thomas und der Zaltho Foundation. Besuche www.zaltho.org, um dich anzumelden.

Abonnieren unseren Podcast

Der Zaltho Live Podcast (ZalthoLIVE) präsentiert Dharma-Vorträge und Dialoge mit dem Zen-Mönch Claude AnShin Thomas, die erforschen, wie buddhistische Lehren und Meditationspraxis in allen Aspekten unseres Lebens wirksam werden können. Jetzt verfügbar auf Apple iTunes, Spotify, Google Podcast, Amazon Music/Audible und unter www. zaltho.org.

Folge uns auf Facebook, Instagram und YouTube

Finde die Zaltho Foundation auf Facebook, Instagram und YouTube, um neue Memes, Audio- und Video-Lehren von Claude AnShin Thomas zu erhalten, sobald sie verfügbar sind; genieße kurze, inspirierende Unterweisungen; und bleibe über Neuigkeiten und Veranstaltungen der Gemeinschaft auf dem Laufenden.

Ebenfalls erhältlich

At Hell's Gate: A Soldier's Journey From War to Peace

In diesem schonungslosen und bewegenden Memoir beschreibt Claude AnShin Thomas seinen Dienst in Vietnam, seinen anschließenden emotionalen Zusammenbruch und seine bemerkenswerte Reise zur Heilung. „Jeder hat sein Vietnam", schreibt Thomas. „Jeder hat seine eigene Erfahrung von Gewalt, Katastrophe oder Trauma." Dieses Buch bietet zeitlose Lehren darüber, wie wir alle Heilung finden können – mit praktischen Anleitungen, wie achtsames Bewusstsein und Mitgefühl unser Leben verwandeln können.

„Claude AnShin Thomas ist für mich eine Inspiration. Unsere Welt muss dringend zuhören, wenn er von seinem Leben im Krieg und dann im Frieden erzählt."

—**Maxine Hong Kingston, Autorin von** *The Woman Warrior*

„Mit unerbittlichem Mut und tiefem Mitgefühl geschrieben, ist dieser Bericht über Gewalt und Transformation eine der erstaunlichsten und wunderbarsten Geschichten, die ich je gelesen habe."

—**Michael Herr, Vietnamkrieg-Korrespondent und Autor von** *Dispatches*

In 108 kurzen, prägnanten und herausfordernden Kapiteln bietet dieses Buch grundlegende Anleitungen zur Sitzmeditation und zeigt, wie diese unsere Beziehungen, Kommunikation, Konflikte, Friedensarbeit und mehr bereichern kann. Eingestreut im Buch sind einige der Lieblingszitate des Autors aus der Zen-Literatur.

„Claude AnShin destilliert die Weisheit, die er durch Meditationspraxis und ein bemerkenswertes Leben im Dienst des Dharma, des Friedens und des Mitgefühls erworben hat. Dies ist ein Buch – und ein seltener Lehrer –, dem wir unser Vertrauen schenken können."

—Charles Johnson, Gewinner des National Book Award und Autor von *Turning the Wheel: Essays on Buddhism and Writing*

„Befreit von Mystifizierung und kulturellen Überlagerungen ist dies ein elegantes Buch, das ich sowohl Zen-Anfängern als auch jenen empfehle, die tiefer gehen möchten."

—Hozan Alan Senauke, Abt des Berkeley Zen Center, Autor von *The Bodhisattva's Embrace: Dispatches from Engaged Buddhism's Front Lines*

„Dieses Buch ist ein Muss für jeden, der den Weg des Friedens und der Gerechtigkeit geht."

—Genjo Marinello, Abt des Chobo-ji Zen-Tempels, Seattle